Impressum
Verlag: BABADADA GmbH, Nedderfeld 112 , 22529 Hamburg
Geschäftsführer / Verlagsleitung: Harald Hof
Druck: Books on Demand GmbH, In de Tarpen 42, 22848 Norderstedt

Imprint
Publisher: BABADADA GmbH, Nedderfeld 112 , 22529 Hamburg, Germany
Managing Director / Publishing direction: Harald Hof
Print: Books on Demand GmbH, In de Tarpen 42, 22848 Norderstedt, Germany

ليكول

ysgol

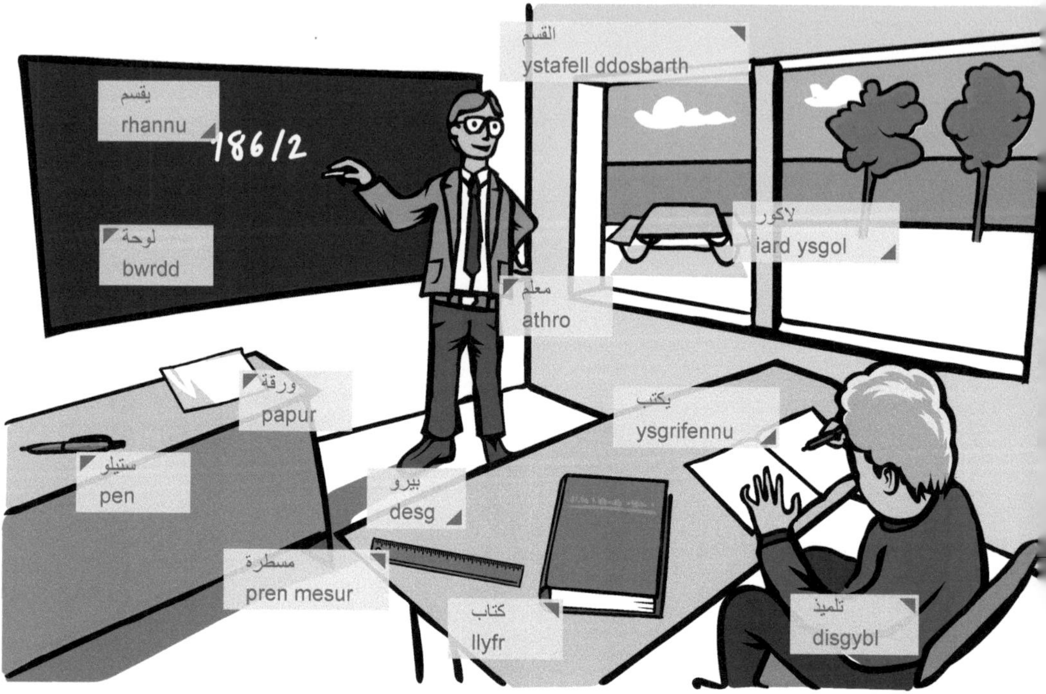

القسم
ystafell ddosbarth
يقسم
rhannu
186/2
لوحة
bwrdd
لاكور
iard ysgol
معلم
athro
ورقة
papur
يكتب
ysgrifennu
ستيلو
pen
بيرو
desg
مسطرة
pren mesur
كتاب
llyfr
تلميذ
disgybl

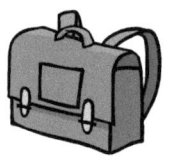

كرطاب

bag ysgol

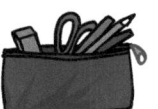

المقلمة

blwch penseli

قلم الرصاص

pensil

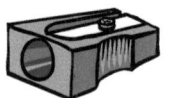

منجارة

peth rhoi min ar bensil

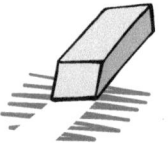

ممحا

rwber

الكايي تاع الرسم

pad arlunio

الرسم

llun

الپانسو

brws paent

باتير

blwch paent

مقص

siswrn

كولا

glud

كايي تاع التمارين

llyfr ysgrifennu

الواجبات

gwaith cartref

12

النيميرو

rhif

2+2

يجمع

ychwanegu

5-2

يطرح

tynnu

2×2

يضرب

lluosi

يحسب

cyfrifo

A

الحرف

llythyren

ABCDEFG
HIJKLMN
OPQRSTU
VWXYZ

الحروف

gwyddor

hello

كلمة

gair

النص

testun

يقرا

darllen

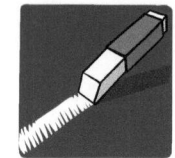

طباشير

sialc

الدرس

gwers

دفتر المدرسي

cofrestr

ليبقزاما

arholiad

سرتفيكا

tystysgrif

اللبة تاع ليكول

gwisg ysgol

التعليم

addysg

ليكسيك

gwyddoniadur

الجاميعة

prifysgol

المجهر

microsgop

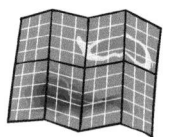

الخريطة

map

بوبال

basged papur gwastraff

فواياج

teithio

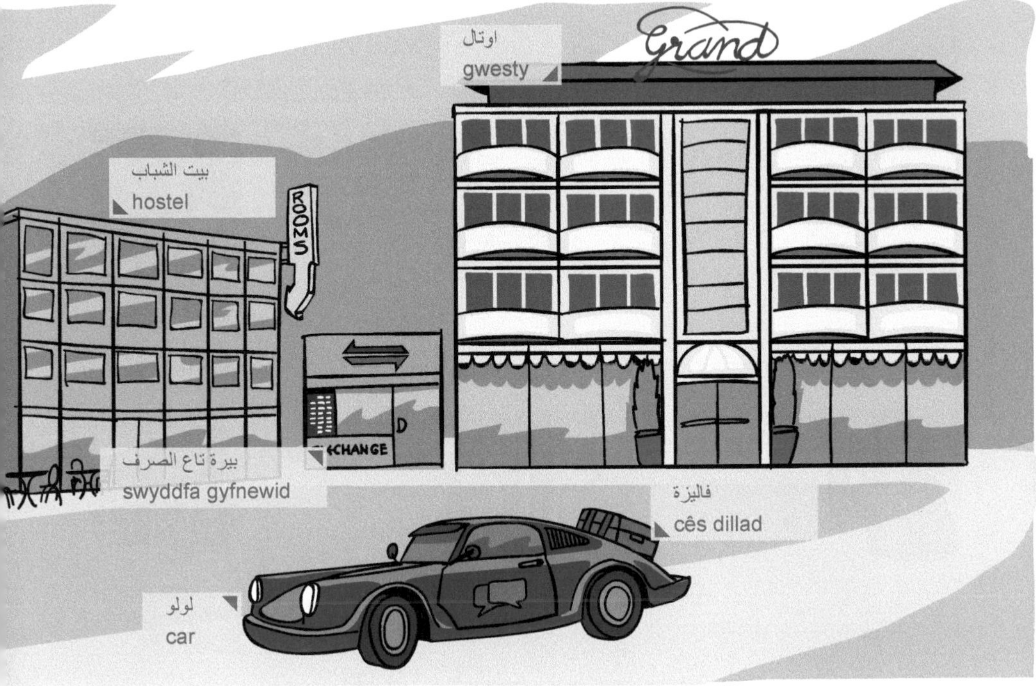

اوتال
gwesty
Grand
بيت الشباب
hostel
ROOMS
بيرة تاع الصرف
swyddfa gyfnewid
CHANGE
فاليزة
cês dillad
لولو
car

اللغة ليقصدها

iaith

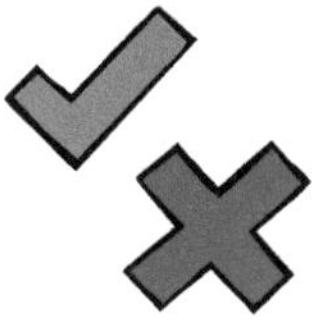

واه / لا

ie / na

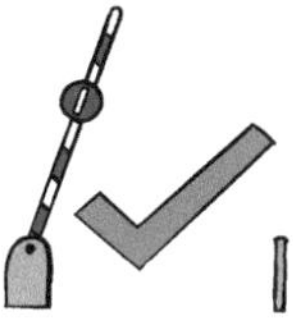

صحا

iawn

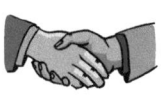

مرحبا

helo

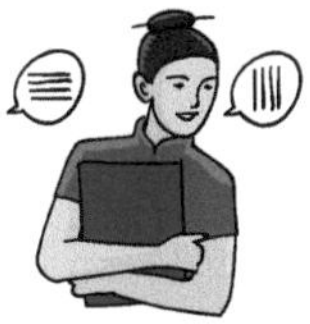

طرجمان

cyfieithydd

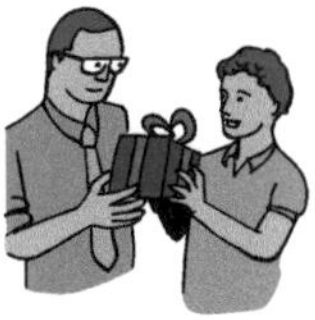

صحيت

Diolch yn fawr

شعال السومة؟

faint yw ...?

مفهمتش

Dw i ddim yn deall

مشكيلة

problem

مسلخير

Noswaith dda!

صباح لخير

Bore da!

تصبح بخير

Nos da!

بسلامة

hwyl

ديركسيو

cyfarwyddyd

الباقاح

bagiau

ساك

bag

ساكادو

gwarbac

ضيف

gwestai

شمبرا

ystafell

ساك تاع رقاد

sach gysgu

خيمة

pabell

استعلامات سياحية

gwybodaeth i ymwelwyr

بحر

traeth

كارطة ناع الكريدي

cerdyn credyd

فطور الصباح

brecwast

الفطور

cinio

العشا

swper

البيي

tocyn

أسونسمير

lifft

تامبر

stamp

الحدود

ffin

الديوانة

tollau

سقارة

llysgenhadaeth

فيزا

fisa

باسبور

pasbort

نقل

cludiant

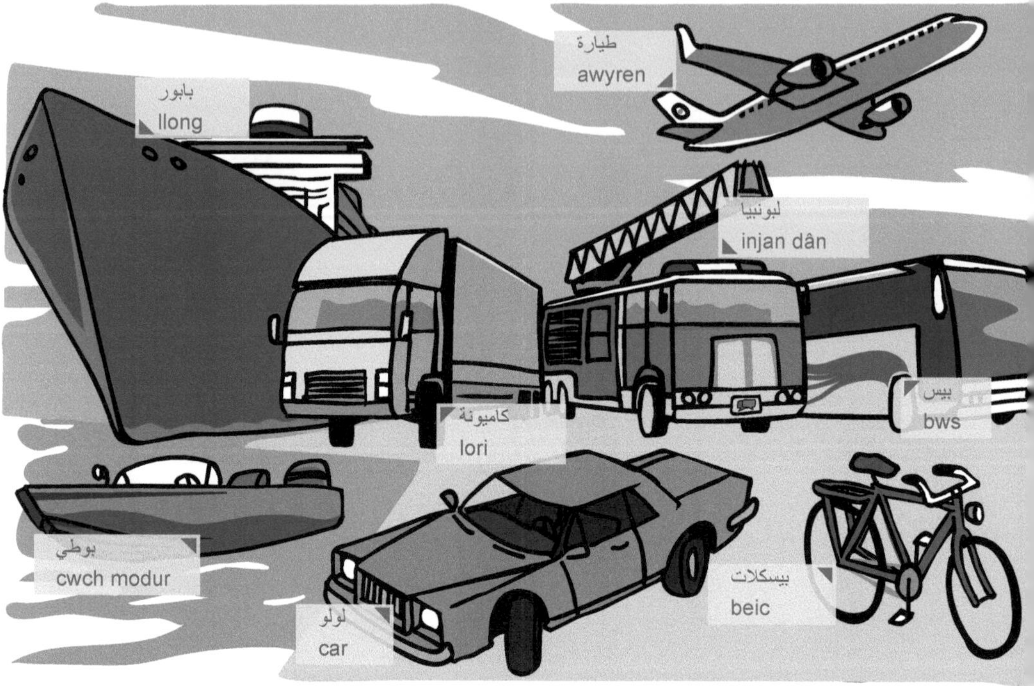

طيارة
awyren
بابور
llong
لبونبيا
injan dân
بيس
bws
كاميونة
lori
بوطي
cwch modur
بيسكلات
beic
لولو
car

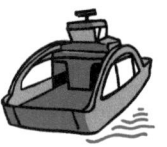

بابو
fferi

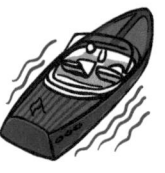

بوطي
cwch

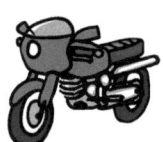

موطو
beic modur

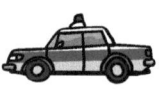

لوطو تاع لابوليس
car yr heddlu

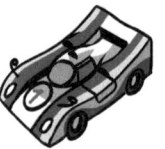

لوطو تاع السيباق
car rasio

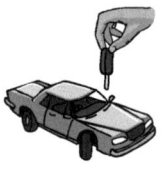

لوطو تاع كرية
car wedi'i rentu

لواطا تاع كرية

rhannu car

رومورك

lori tynnu

كاميو تاع الزبل

lori ysbwriel

موتور

modur

ليسونس

tanwydd

ستاسيون

gorsaf betrol

بانو

arwydd traffig

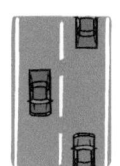

ترافيك

traffig

سركالة

tagfa draffig

باركينغ

maes parcio

لاقار

gorsaf drennau

السبيكة

traciau

قطار

trên

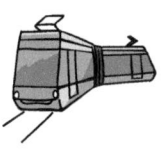

ترام

tram

فاغون

wagen

الهيكبتار

hofrennydd

مطار

maes awyr

تور

tŵr

مسافر

teithiwr

كونتنار

cynhwysydd

كرطونة

paced

شاريو

cert

سلة

basged

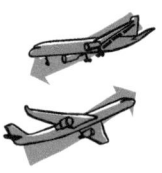

يقلع / يهود

esgyn / glanio

مان

dinas

قرية

pentref

البلاد

canol y ddinas

دار

tŷ

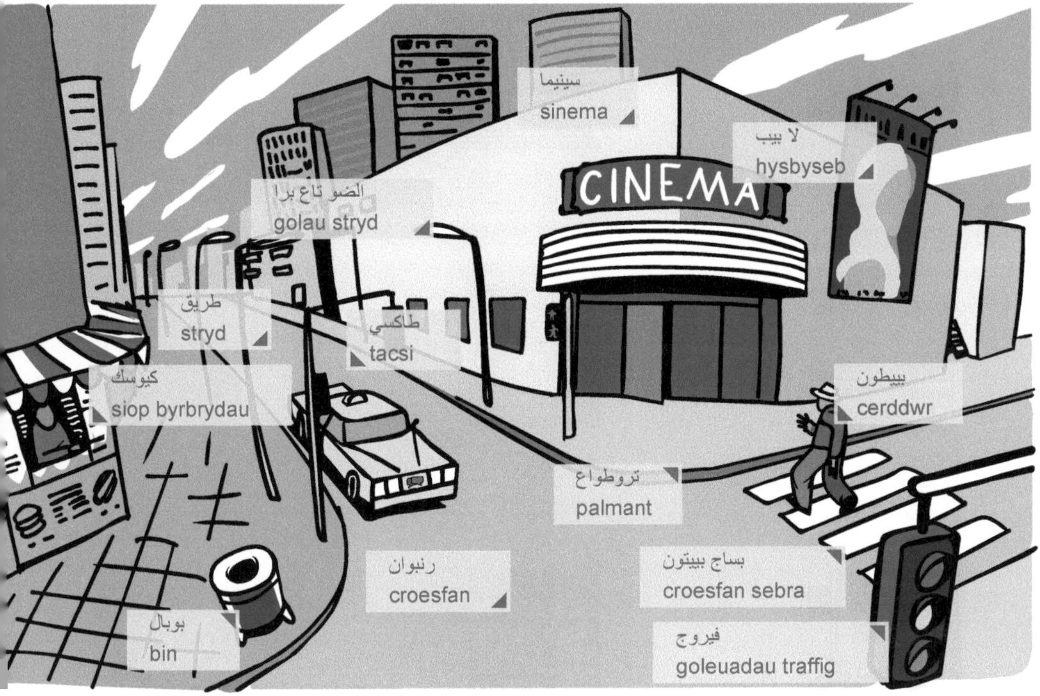

سينيما
sinema

لا بيب
hysbyseb

الضوء تاع برا
golau stryd

CINEMA

طريق
stryd

طاكسي
tacsi

كيوسك
siop byrbrydau

بييطون
cerddwr

تروطواع
palmant

رنبوان
croesfan

بساج بييتون
croesfan sebra

بوبال
bin

فيروج
goleuadau traffig

كوخ
....
cwt

برطمان
....
fflat

لاقار
....
gorsaf drennau

لاميري
....
neuadd y dref

متحف
....
amgueddfa

ليكول
....
ysgol

الجاميعة

prifysgol

بانكة

banc

سبيطار

ysbyty

اوتال

gwesty

فارماسي

fferyllfa

بيرو

swyddfa

مكتبة

siop lyfrau

حانوت

siop

فلوريست

siop flodau

سوبرات

archfarchnad

مرشي

farchnad

حانوت كبير

siop adrannol

مسمكة

siop bysgod

سونتر كومرسيال

canolfan siopa

المينا

harbwr

بارك

parc

بنك

banc

جسر

pont

درج

grisiau

ميترو

rheilffordd danddaearol

تونال

twnnel

لاري تاع البيس

safle bws

بار

bar

مطعم

bwyty

صندوق البريد

blwch post

البانوات

arwydd stryd

مقياس زمن الوقوف

mesurydd parcio

حديقة حيوانات

sŵ

بيسين

pwll nofio

جامع

mosg

فيرما

ffem

التلوث

llygredd

مقبرة

mynwent

قليزية

eglwys

بارك

maes chwarae

معبد

teml

الريف

tirwedd

ورقة
deilen

بانو
arwydd cyfeirio

طريق
ffordd

مرج
dôl

حجرة
carreg

شجرة
coeden

رحالة
heiciwr

نهر
afon

حشيش
glaswellt

زهرة
blodyn

واد

cwm

جبل

bryn

بحيرة

llyn

غابة

coedwig

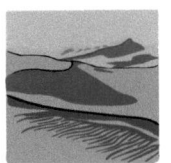

صحرا

anialwch

بركان

llosgfynydd

شاطو

castell

قوس قزح

enfys

فطر

madarchen

نخلة

palmwydden

ناموسة

mosgito

ذبانة

pryf

نملة

morgrugyn

نحلة

gwenyn

رتيلة

pryf copyn

خنفوس

chwilen

جرانة

llyffant

سنجاب

gwiwer

قنفود

draenog

قنينة

ysgyfarnog

بومة

tylluan

زاوش

aderyn

بجعة

alarch

حلوف

baedd

غزالة

carw

إلكة

elc

سد

argae

الطاحونة

tyrbin gwynt

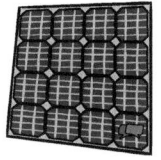

خلية شمسية

panel haul

كليما

hinsawdd

مطعم
bwyty

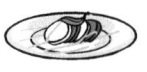

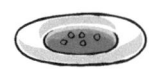

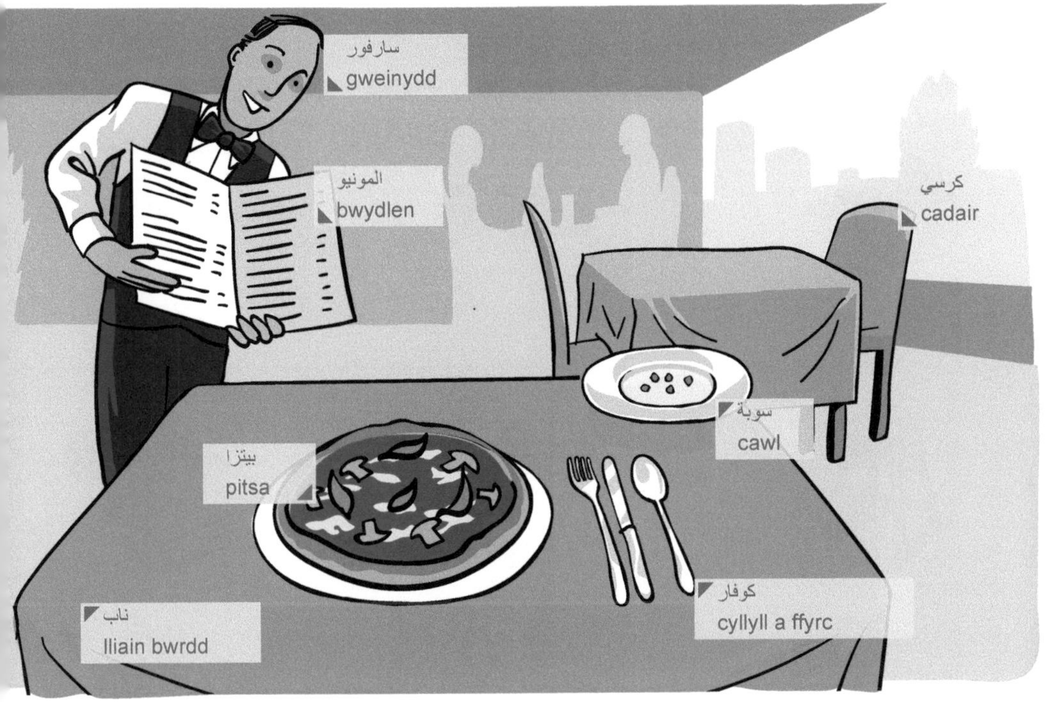
سارفور
gweinydd
المونيو
bwydlen
كرسي
cadair
سوبة
cawl
بيتزا
pitsa
ناب
lliain bwrdd
كوفار
cyllyll a ffyrc

اوردوفر
cwrs cyntaf

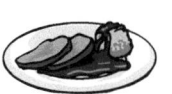

الطبق الرئيسي
prif gwrs

ديسار
pwdin

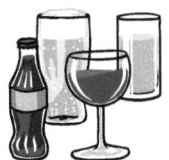

مشروبات
diodydd

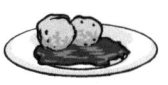

ماكلة
bwyd

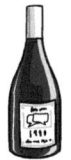

القرعة
potel

فاست فود

bwyd cyflym

ماكلة نديه معايا

bwyd y stryd

براد اتاي

tebot

سكرية

powlen siwgr

طرف

dogn

ماشينة تاع اكسبريسو

peiriant espresso

كرسي عالي

cadair plentyn

فاتورة

bil

سني

hambwrdd

خدمي

cyllell

فرشيطة

fforc

مغيرفة

llwy

مغيرفة تاع لاتاي

llwy de

سربيتة تاع الطابلة

napcyn

كاس

gwydr

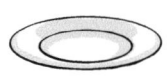

طبسي
plât

بول
plât cawl

طبسي تاع الفنجال
soser

لاصوص
saws

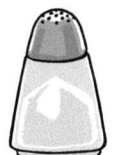

القوطي تاع الملح
pot halen

طحان تاع الحرور
melin bupur

خل
finegr

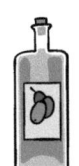

زيت
olew

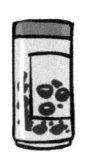

ليزيبيس
sbeisys

كتشوب
saws coch

موطارد
mwstard

مايونيز
mayonnaise

سوبرات
archfarchnad

بروموسيو
cynnig arbennig
FOR
كلويون
cwsmer
مشتقات الحليب
cynnyrch llaeth
فاكية
ffrwythau
شاريو
troli

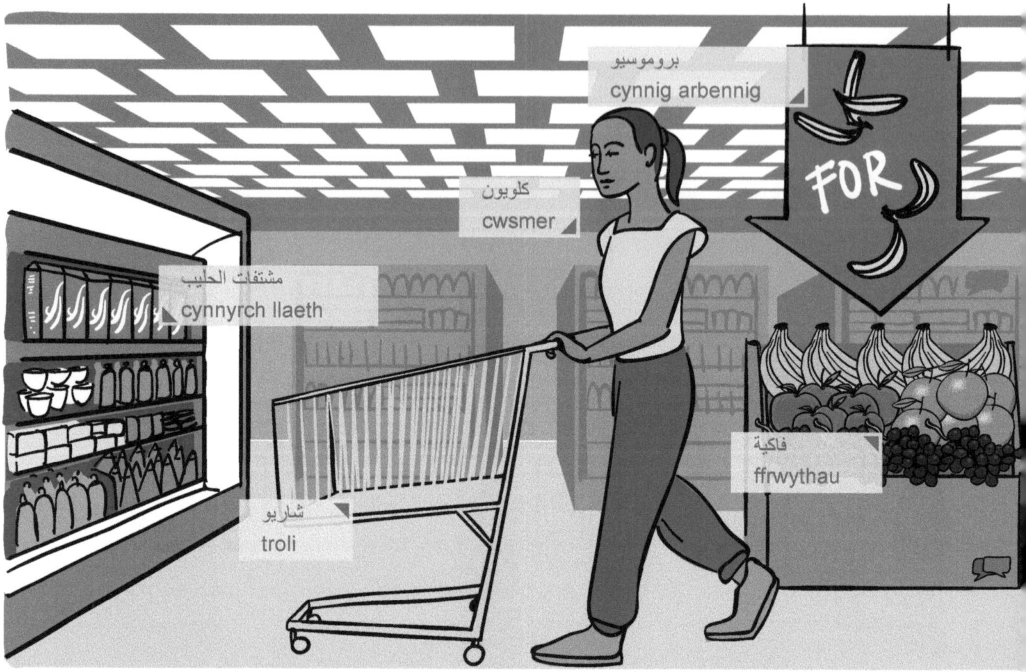

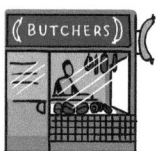

BUTCHERS

بوشي
siop gig

BAKERY

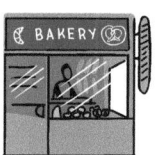

بولونجي
siop fara

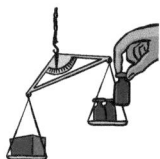

يوزن
pwyso

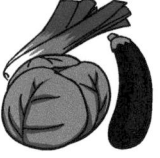

خضار
llysiau

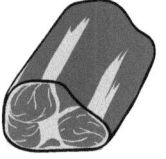

لحم
cig

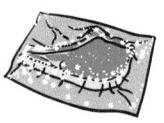

سيرجولي
Bwyd wedi'i rewi

كاشير

cig oer

كونسارف

bwyd tun

لغسيل تاع الاومو

powdr golchi

الحلويات

da-da

صوالح الدار

cynnyrch cartref

ديتارجو

cynhyrchion glanhau

فوندوز / خدامة فالحانوت

gwerthwraig

لاكاس

til

كاسيي

ariannwr

ليستا تاع الشري

rhestr siopa

سوايع الخدمة

oriau agor

تزداتم

waled

كارطة ناع الكريدي

cerdyn credyd

ساك

bag

بورسة

bag plastig

الما

dŵr

جو

sudd

حليب

llefrith

كوكا

côc

الشراب

gwin

البيرة

cwrw

شراب

alcohol

كاكاو

coco

لاتاي

te

قهوة

coffi

اكسبريسو

espresso

كابوتشينو

cappuccino

بانانة
ffrwchledd

تفاح
afal

تشينا
oren

بطيخ
melon

ليم
lemwn

كروطة / زرودية
moronen

ثوم
garlleg

بانبو
bambŵ

بصل
nionyn

شانبينيو
madarchen

بندق
cnau

ليبات
nwdls

سباقيتي

sbageti

روز

reis

سلاطة

salad

ليفريت

sglodion

ليفريت

tatws wedi'u ffrïo

بيتزا

pitsa

هانبورقر

hambyrger

سندويش

brechdan

اسكالوب

cytled

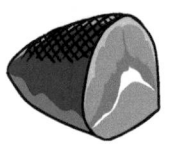

لحم الحلوف

ham

سامي

salami

مرقاز

selsig

جاجة

cyw iâr

لحم مشوي

rhost

حوت

pysgodyn

شوفان

ceirch uwd

موسلي

miwsli

كورن فلكس

creision ŷd

فرينة

blawd

كرواسون

croissant

خبيزة

bynsen

الخبز / كسرة

bara

خبز محمر

tost

بيسكوي

bisgedi

زبدة

menyn

لبن

ceuled

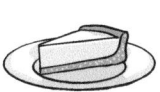

قاطو

teisen

بيض

wy

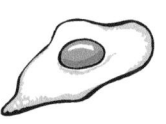

بيض مقلي

wy wedi'i ffrïo

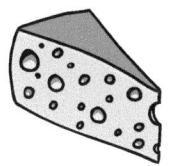

فرماج

caws

لاكرام

hufen iâ

سكر

siwgr

عسل

mêl

كونفتير

jam

نوقا

siocled taenu

الكاري

cyri

فيرمة
ffermdy

رزمة تاع تبن
bwrn gwellt

مخزن
ysgubor

حقل
maes

عود
ceffyl

قنطرة
ôl-gerbyd

مهر
ebol

جرار
tractor

حمار
asyn

خروف
oen

كبش
dafad

معزة	بقرة	عجل
gafr	buwch	llo

حلوف	حلوف صغير	طورو
mochyn	porchell	tarw

وزة

gwydd

بطة

hwyaden

فلوس

cyw

جاجة

iâr

سردوك

ceiliog

طوبا

llygoden fawr

قطة

cath

فأر

llygoden

ثور

ych

كلب

ci

دار الكلب

cwt ci

تيبو

pibell ddŵr

إبريق

can dŵr

منجل

pladur

محراث

aradr

منجل

cryman

الفاس

fforch chwynu

مذراة الزبل

picwarch

شاقور

bwyell

برويطة

berfa

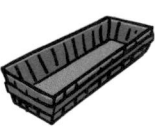

معلف

cafn

قابة تاع حليب

tun llefrith

ساشيا

sach

سياج

ffens

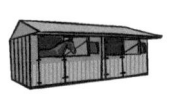

صطبل

stabl

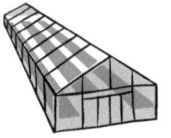

بوطاجي

tŷ gwydr

تراب

pridd

بذور

hedyn

سماد

gwrtaith

حصادة

dyrnwr medi

يحصد

cynaeafu

الغلة

cynhaeaf

بطاط

iamau

قمح

gwenith

صويا

soi

بطاطا

tysen

مايس

grawn

سلجم

had rêp

شجرة تاع فاكية

coeden ffrwythau

منيهوت

manioc

الخبوب

grawnfwydydd

شوميني
simnai

سقف
to

بالة
peipen law

تاقة
ffenestr

قاراج
garej

صوئات
cloch y drws

باب
drws

يوبال
bin sbwriel

بواطة تاع البرية
blwch post

جاردان
gardd

صالون
lolfa

الحمام
ystafell ymolchi

كوزينا
cegin

شامبرا تاع رقاد
ystafell wely

شمبرا تاع ذراري
ystafell plentyn

صالة مونجي
ystafell fwyta

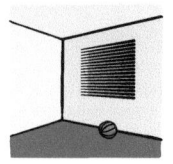

لرض

llawr

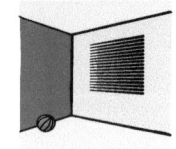

حيط

wal

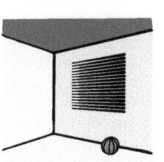

بلافو

nenfwd

كافا

seler

سونا

sawna

بالكون

balconi

تيراسة

teras

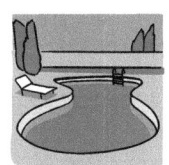

بيسين

pwll

جزارة تاع حشيش

peiriant torri gwair

ااووس

taflen

كووات

gorchudd gwely

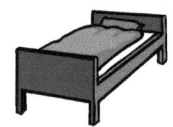

ناموسية

gwely

مصلحة

ysgub

بيدو تاع صليح

bwced

انتغبتور

swits

صالون
lolfa

ورق تاع حيطان
papur wal
تصويرة
llun
لامبا
lamp
ايتجار
silff
بلاكار
cwpwrdd
تيليفزيون
teledu
شوميني
lle tân
زهرة
blodyn
مخدة
clustog
صافا
soffa
فاز
fâs
تيليكومند
rheolydd o bell

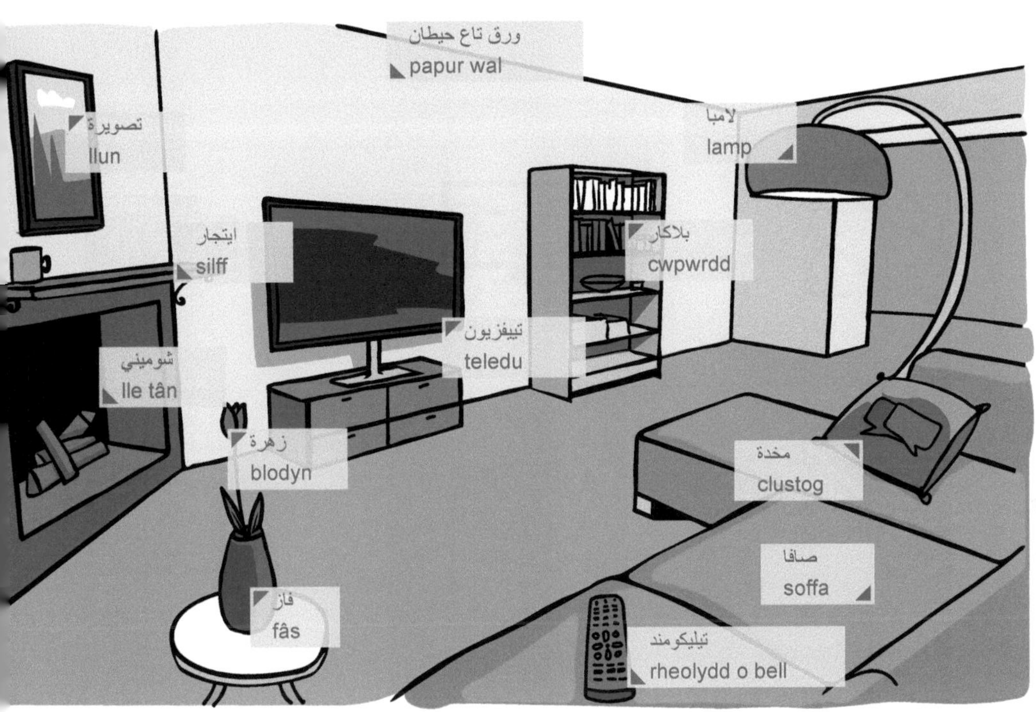

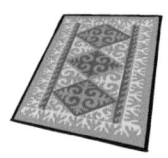

طابي
carped

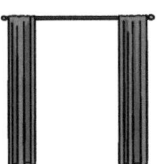

ريدو
llen

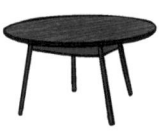

طابلة
bwrdd

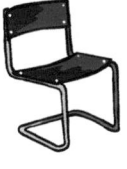

كرسي
cadair

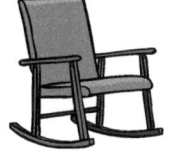

كرسي يبوجي
cadair siglo

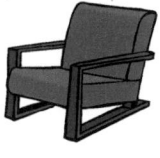

فوتاي
cadair freichiau

كتاب

llyfr

طوفيرطة

blanced

زواق

addurn

الحطب

coed tân

فيلم

ffilm

الستيريو

hi-fi

مفتاح

agoriad

جرنان

papur newydd

كادر

darlun

بوستار

poster

راديو

radio

كناش

llyfr nodiadau

اسبيراتور

hwfer

صبار

cactws

شمعة

cannwyll

فريزر
oergell

ميكررند
popty micro-don

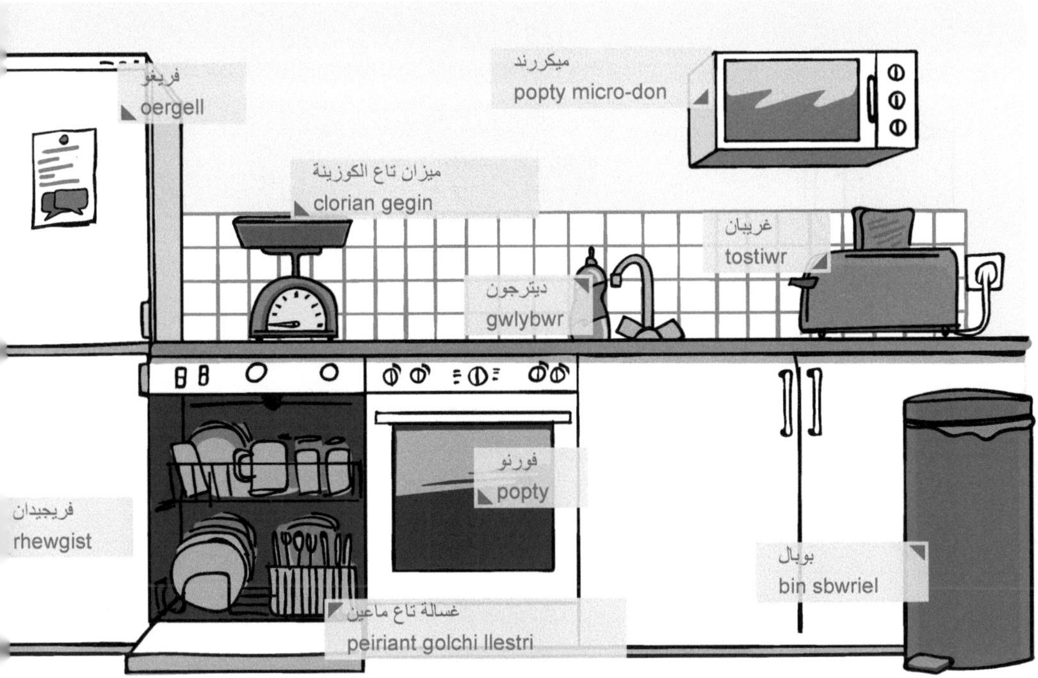

ميزان تاع الكوزينة
clorian gegin

غريبان
tostiwr

ديترجون
gwlybwr

فورنو
popty

فريجيدان
rhewgist

بويال
bin sbwriel

غسالة تاع ماعين
peiriant golchi llestri

الفور	قدرة	مرميطا
popty	pot	pot haearn bwrw
طاوة غامقة	مقلة	غلاية
wok / kadai	padell	tegell

قدرة

sosban stemio

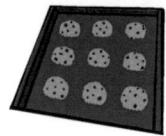

سني

hambwrdd pobi

ماعين

llestri

قوبلي

mwg

طبسي

powlen

مطارق تاع الماكلة

gweill bwyta

لوشة

lletwad

سباتولة

ysbodol

الضرابة

chwisg

كسكاس

hidlydd

صفاية

gogr

راب

gratiwr

مهراز

morter

شواية

barbeciw

موقد

tân agored

بلونشا

bwrdd torri cig

رولو

rholbren

الحلال

tynnwr corcyn

قابسة

tun

الحلال

peth agor tuniau

كتان

clwt pot

لافابو

sinc

بروسة

brws

بونجة

sbwng

الخلاط

peiriant cymysgu

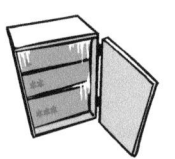

فريغو

rhewgell

بيبرونة

potel babi

سبالة

tap

الحمام
ystafell ymolchi

شوفاج
gwres
سربيتة
tywel
دوش
cawod
ريدو تاع لادوش
llen gawod
حمام بالرغوة
baddon ewyn
بنوار
baddon
كاس
gwydr
غسالة تاع حوايج
peiriant golchi
كرلاج
teils
سبالة
tap
لبو
potyn
لافابو
sinc

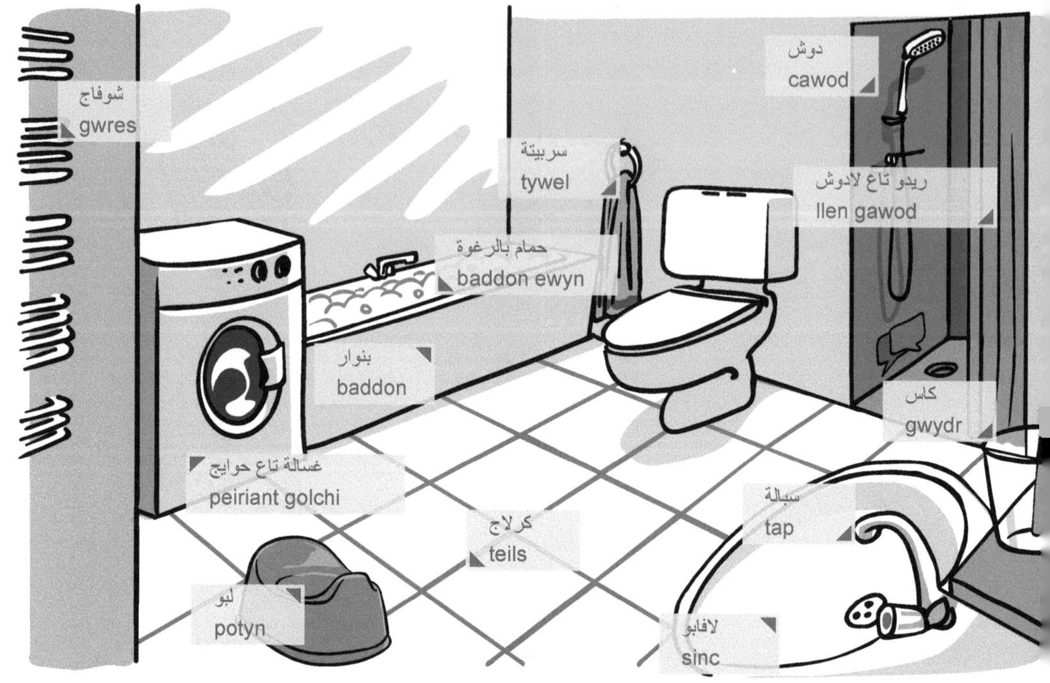

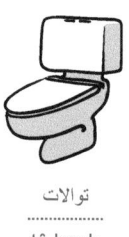

تواالات

tŷ bach

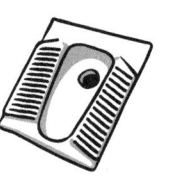

توالات تركي

toiled cyrcydu

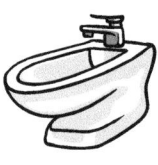

غسال الرجلين

bidet

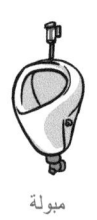

مبولة

troethfa

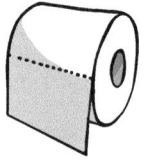

ورق تاع توالات

papur tŷ bach

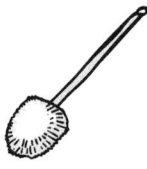

بروسة تاع توالات

brws tŷ bach

بروسدون

brws dannedd

دونتفريس

past dannedd

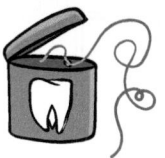

خيط السنان

edau ddannedd

يغسل

golchi

دوشات تاع دوش

cawod llaw

دوشات

golchfa

لافابو

basn

بروسا تاع الظهر

brws-ôl

صابون

sebon

جال دوش

gel cawod

شنبوان

siampŵ

الحبل

gwlanen

قادوس

ffos

بومادة

hufen

ديودورون

diaroglydd

مراية

drych

مراة صغيرة

drych llaw

رازوار

rasel

لاموس

ewyn eillio

كولون

sent eillio

مشطة

crib

بروسة

brws

سشوار

sychwr gwallt

مثبت الشعر

chwistrell gwallt

مكياج

colur

روجالافر

minlliw

فرني

farnais ewinedd

قطن

gwlân cotwm

كوبنغل

siswrn ewinedd

ريحة

persawr

تروسة تاع حمام

bag ymolchi

طابوري

stôl

ميزان

clorian

بينوار

gŵn baddon

ليغونات تاع النيتواياج

menig rwber

تمبون

tampon

ليبوند

tywel misglwyf

توالات

toiled cemegol

شمبرا تاع ذراري
ystafell plentyn

ريفاي
cloc larwm
نونورس
tegan anwes
لوطو جوي
car tegan
الخشخاش
cleciwr
دار تاع بوبيات
tŷ dol
كادو
anrheg

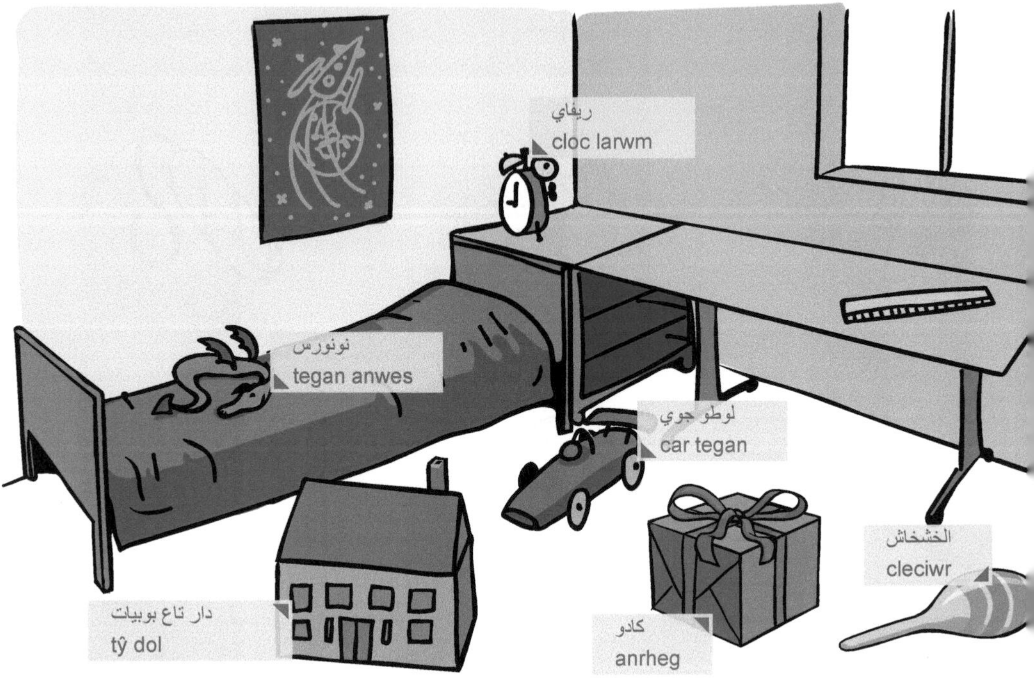

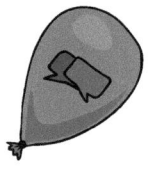

بالونة / نسافة

balŵn

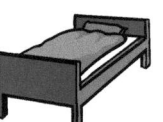

ناموسية

gwely

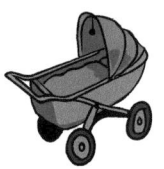

بوسات

pram

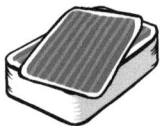

الكارطة

pecyn o gardiau

البوزيل

jig-so

SUPER
MEGA

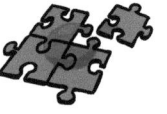

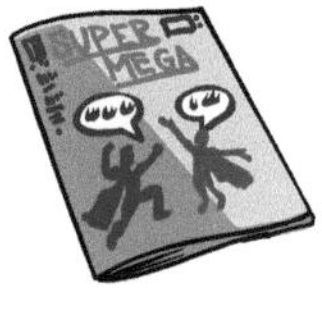

بوند ديسيني

comic

الليغو

brics Lego

حجر يبنوه

blociau adeiladu

بوبية

ffigur gweithredu

لبسة تاع البيبي

babygro

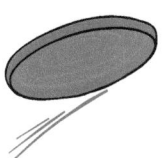

فريزي

ffrisbi

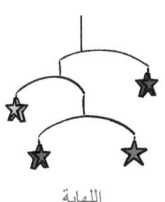

اللهاية

ffôn symudol

لعبة الطابلة

gêm fwrdd

الدي

deis

التران

set model trên

سوسات

teth lwgu

حفلة / الفيشطة

parti

كتاب بتصاوير

llyfr lluniau

بالون

pêl

بوبية

dol

يلعب

chwarae

بارك بالرملة

pwll tywod

بنصوار

swing

جوي

teganau

منيطا

consol gemau fideo

بيسكلات

beic tair olwyn

دبدوب

tedi

ماريو

cwpwrdd dillad

تقاشر

hosanau

ليا

hosanau

كولو

teits

شال
sgarff

بريلوي
ymbarél

تريكو
crys-t

حزام
gwregys

بوط
esgidiau

بنتوفلا
sliperi

تينيسا / سبردينا
esidiau ymarfer

صندالة
....
sandalau

صباط
....
esgidiau

بوط بلاستيك
....
esgidiau rwber

كالسون
....
trôns

سوتيان
....
bra

حويج تاع داخل
....
fest

لاسق على الجسم

corff

سروال

trowsus

جين

jîns

جيبا

sgert

طابلية

blows

قمجة

crys

تريكو

pwlofer

قارديقون

hwdi

بلازار

blaser

فيستا

siaced

بالطو

côt

بالطو

côt law

كوستيم

gwisg

روبا

gŵn

روب بلونش

gwisg briodas

كوستيم

siwt

شوميز دونوي

gŵn nos

بيجاما

pyjamas

ساري

sari

حجاب

sgarff pen

عمامة

tyrban

برقع

bwrca

قفطان

cafftan

عباية

abaya

مايو

gwisg nofio

سروال تاع عوم

trowsus nofio

شورت

siorts

ليسة تاع سبور

tracwisg

طابلية

ffedog

ليقونات

menig

قفلة
botwm

نواظر
sbectol

براسلي
breichled

سنسلة
cadwyn

خاتم
modrwy

منقوش
clustdlws

بوني
cap

سائتر
cambren

شابو
het

قرافاطة
tei

غيمة
sip

كاسك
helmed

بروتال
fframiau danedd

اللبة تاع ليكول
gwisg ysgol

لينيفورم
gwisg

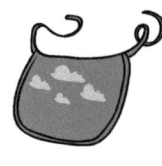

رياقة
bib

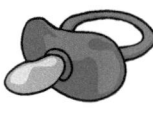

سوسات
teth lwgu

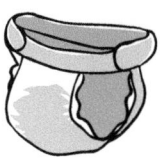

ليكوش
cewyn

بيرو
swyddfa

سارفر
gweinydd
خزانة تاع الملفات
cwrpwrdd ffeilio
امبريمانت
argraffydd
ورقة
papur
ليكرون
monitor
لاسوري
llygoden
بيرو
desg
كلاسور
ffolder
كلافيي
bysellfwrdd
بوبال
basged papur gwastraff
اورديناتور
cyfrifiadur
كرسي
cadair

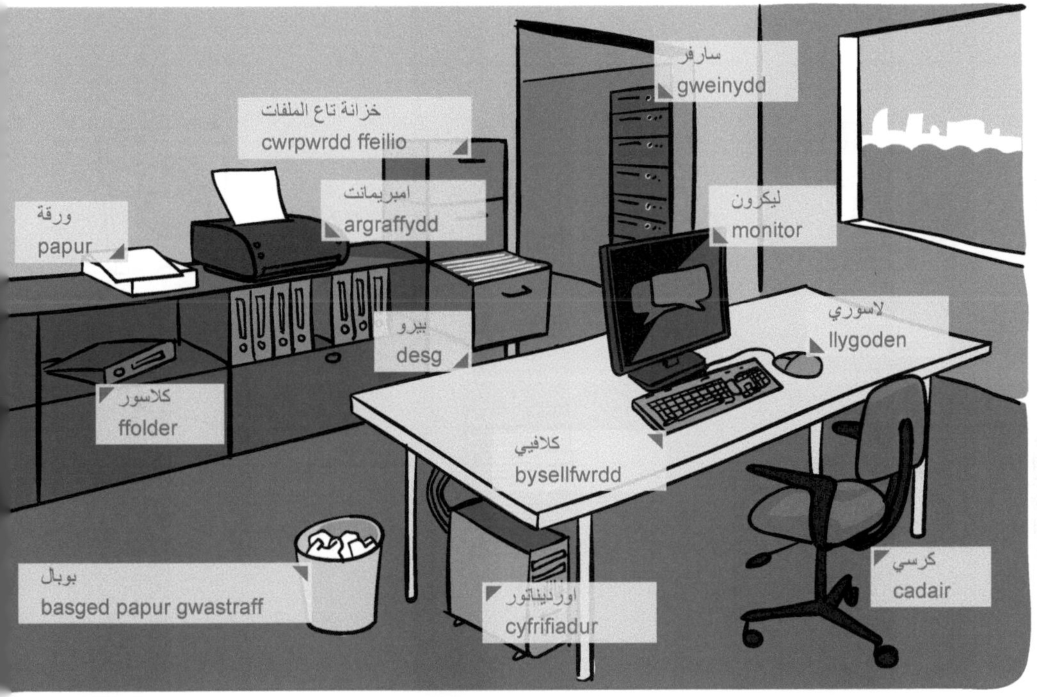

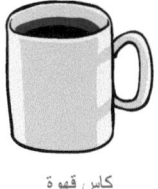

كاس قهوة
mwg coffi

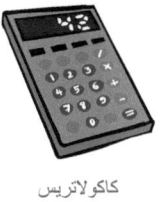

كاكولاتريس
cyfrifiannell

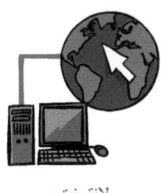

لانترنت
rhyngrwyd

اورديناتور

gliniadur

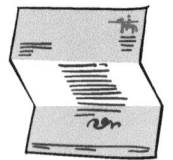

برية

llythyr

ميساج

neges

بورطابل

ffôn symudol

ريزو

rhwydwaith

فوطوكوبي

llungopïwr

لوجسيال

meddalwedd

تيلفون

teleffon

بريزة

soced plwg

فاكس

peiriant ffacs

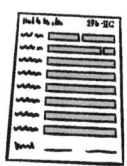

استمارة

ffurflen

وثيقة

dogfen

يَشْري

prynu

يخلص

talu

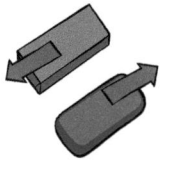

يتاجر

masnachu

دراهم

arian

دولار

doler

اورو

ewro

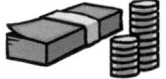

ين

yen

روبل

rwbl

فرنك سويسري

ffranc y Swistir

يوان

yuan renminbi

روبية

rwpi

ديستريبيوتور

peiriant arian

بيرة تاع الصرف

swyddfa gyfnewid

ذهب

aur

فضة

arian

نفط

olew

طاقة

ynni

السومة

pris

عقد

contract

طاكس

treth

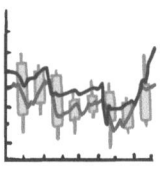

سهم

stoc

يخدم

gweithio

خدام

cyflogai

مول الشي

cyflogwr

وزين

ffatri

حانوت

siop

swyddi

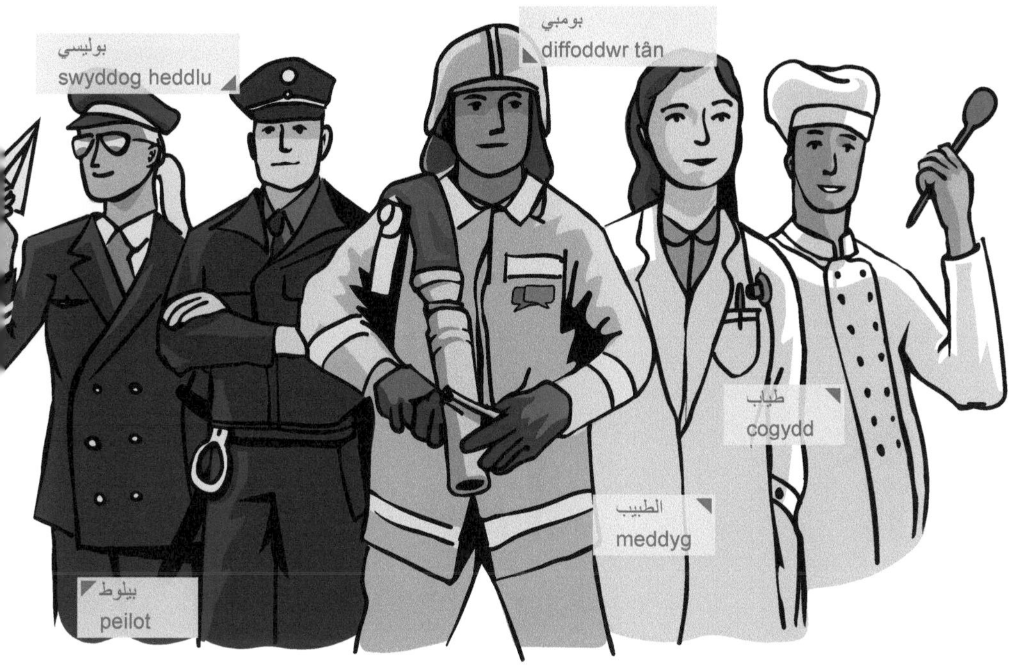
بوليسي
swyddog heddlu
بومبي
diffoddwr tân
طياب
cogydd
الطبيب
meddyg
بيلوط
peilot

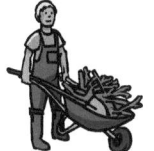

جرديني
garddwr

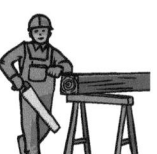

نجار
saer

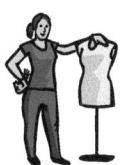

خياط
gwniadwraig

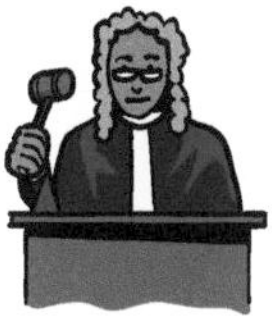

قاضي
barnwr

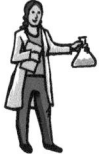

شيميك
fferyllydd

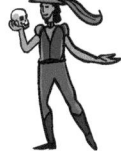

ممثل
actor

شوفير

gyrrwr bws

طاكسيور

gyrrwr tacsi

صياد

pysgotwr

خدامة

glanhawraig

ماصو تاع الصقف

töwr

سارفور

gweinydd

صياد

heliwr

بنتار

paentiwr

خباز

pobydd

الكتريسيان

trydanwr

ماصون

adeiladwr

مهندس

peiriannydd

بوشي

cigydd

بلومبي

plymiwr

فاكتور

dyn y post

جندي

milwr

ارشيتكت

pensaer

كاسسي

ariannwr

بياع اورد

gwerthwr blodau

كوافير

triniwr gwallt

الكنترول

archwiliwr tocynnau
rheilffordd

ميكانيسيان

mecanydd

كابيتان

capten

طبيب سنان

deintydd

عالم

gwyddonydd

حاخام

rabi

امام

imam

موان

mynach

موان

clerigwr

ليزوتي
offer

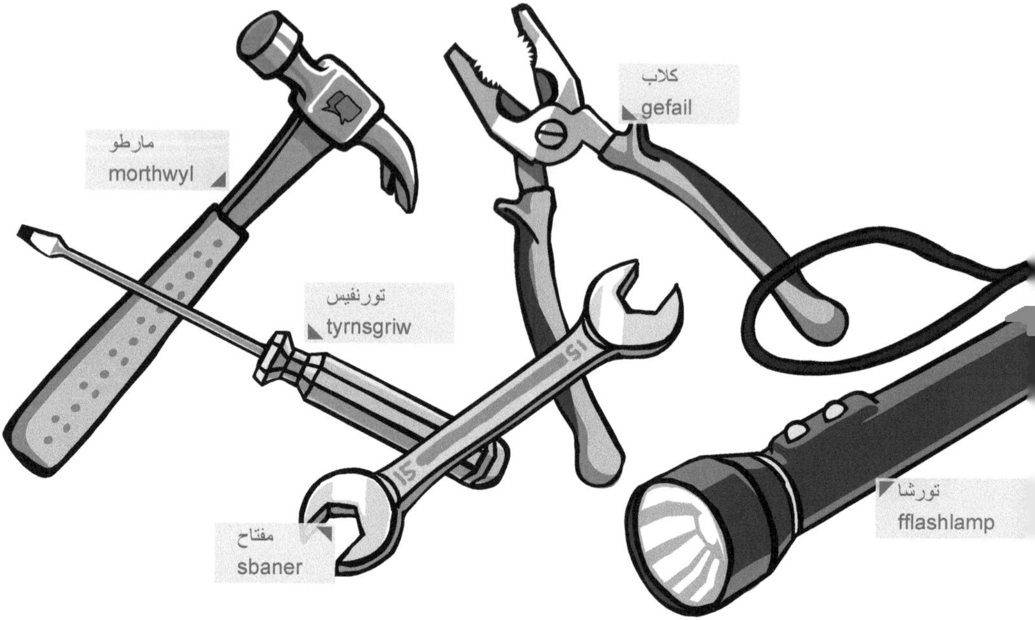

مارطو
morthwyl
كلاب
gefail
تورنفيس
tyrnsgriw
مفتاح
sbaner
تورشا
fflashlamp

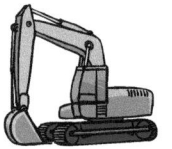

جرافة

turiwr

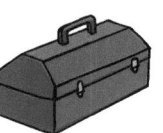

قايصة نتاع ليزوتي

blwch offer

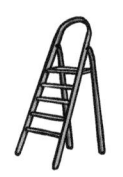

سلوم

ysgol

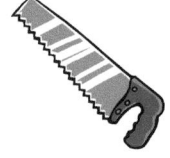

منشار

llif

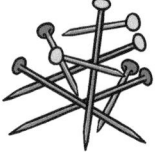

مسامير

hoelion

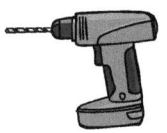

برسوز

dril

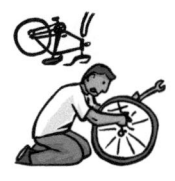

يصنع

trwsio

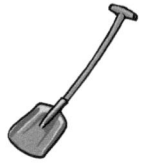

البالة

rhaw

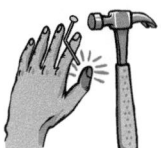

ياويلي

Daria!

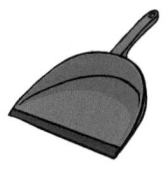

بالا

rhaw lwch

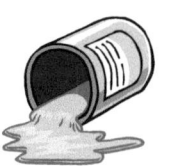

بو تاع بنتورة

pot paent

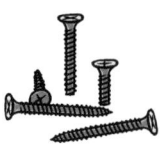

ليفيس

sgriwiau

آلات موسيقية

offerynnau cerdd

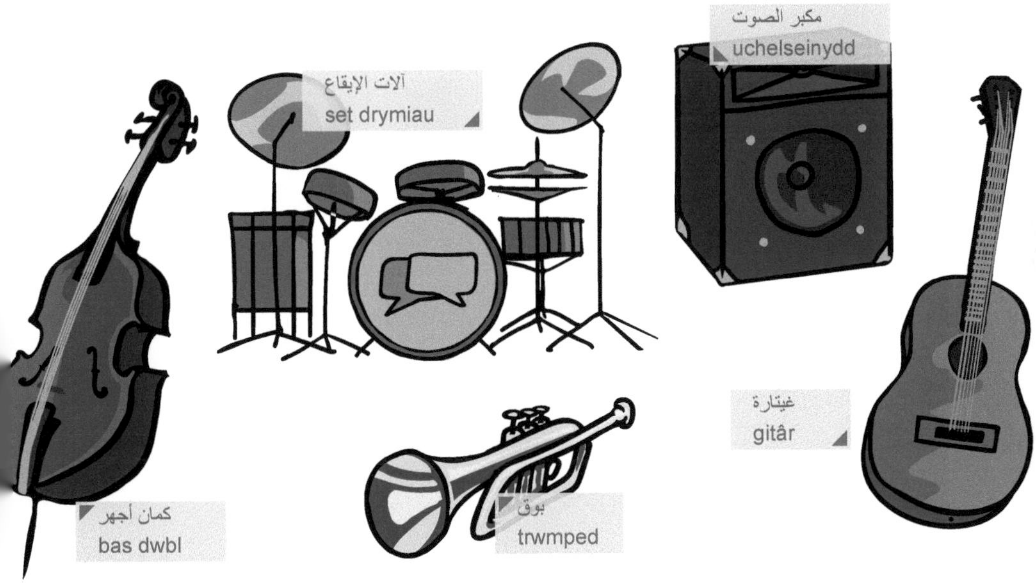
مكبر الصوت
uchelseinydd
آلات الإيقاع
set drymiau
غيتارة
gitâr
كمان أجهر
bas dwbl
بوق
trwmped

بيانو

piano

كمنجة

ffidil

جهير

bas

طبل كبير

timpani

طبل

drymiau

بيانو كهربائي

cyweirfwrdd

ساكسوفون

sacsoffon

ناي

ffliwt

ميكروفون

meicroffon

حديقة حيوانات

sŵ

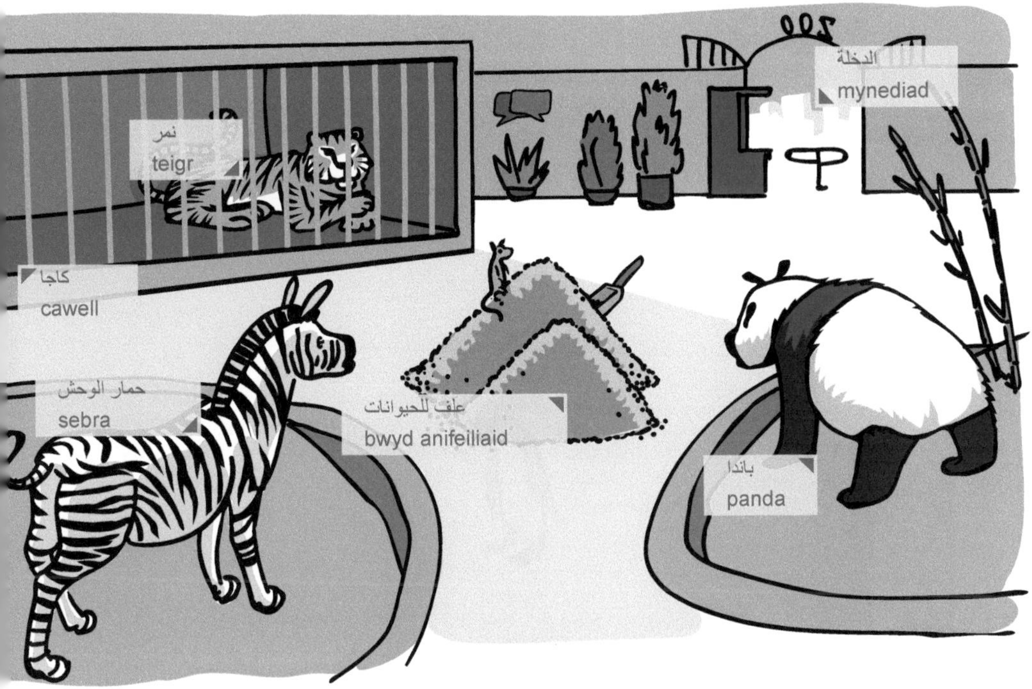

نمر
teigr
كاجا
cawell
حمار الوحش
sebra
علف للحيوانات
bwyd anifeiliaid
الدخلة
mynediad
باندا
panda

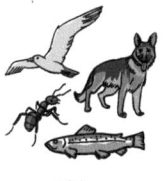

حيوانات

anifeiliaid

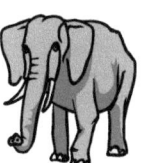

فيل

eliffant

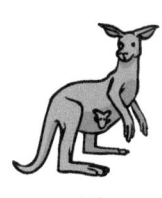

كنغر

cangarŵ

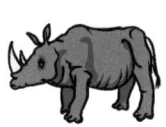

وحيد القرن

rhinoseros

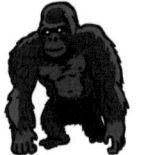

غوريلا

gorila

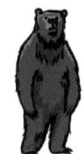

دب

arth

جمل

camel

نعامة

estrys

سبع

llew

تشيطا

mwnci

فلامونغوز

fflamingo

بيروكي

parot

دب قطبي

arth wen

بطريق

pengwin

سمك القرش

siarc

طاووس

paun

لفعة

neidr

تمساح

crocodeil

عساس في حديقة الحيوان

gofalwr sŵ

عجل البحر

morlo

نمر أمريكي مرقط

jagwar

فرس قزم

merlyn

نمر

llewpard

فرس النهر

hipo

زرافة

jiráff

نسر

eryr

حلوف

baedd

حوت

pysgodyn

فكرون

crwban

حيوان فظ البحري

walrws

ثعلب

llwynog

غزال

gafrewig

بالون اميريكا
pêl-droed America

الركبة تاع البيسكلت
beicio

تينيس
tennis

باسكات
pêl-fasged

العوم
nofio

بوكس
bocsio

هوكي
hoci iâ

بالون
pêl-droed

الريشة الطائرة
badminton

اتلاتيزم
athletau

الهوند
pêl-law

سكي
sgïo

بولو
polo

ينطّز
neidio

يعنق
cofleidio

يضحك
chwerthin

يمشّي
cerdded

يغنّي
canu

ينوم
breuddwydio

يصلّي
gweddïo

يبوس
cusanu

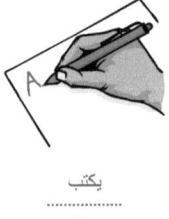

يكتب

ysgrifennu

يرسم

tynnu

يوري

dangos

يدمر

gwthio

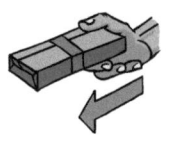

يعطي

rhoi

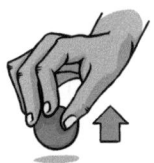

يدي

cymryd

يملك
bod gan

يخدم
gwneud

كاين
bod

يوقف
sefyll

يجري
rhedeg

يجبد
tynnu

يقيس / يرمي
taflu

يطيح
disgyn

يتكسل
gorwedd

يثوف
aros

يرفد
cario

يقعد
eistedd

يلبس
gwisgo amdanoch

يرقد
cysgu

ينوظ
deffro

يْشوف في

edrych ar

ييبكي

crïo

يحك

anwesu

يمشّط

cribo

يهدر

siarad

يفهم

deall

يسقْسي

gofyn

يسمع

gwrando

يْشرب

yfed

ياكل

bwyta

يخمل

tacluso

بيغي

caru

يطيب

coginio

يصوق

gyrru

يطير

hedfan

يبحر بالفلوكة

hwylio

يحسب

cyfrifo

يقرا

darllen

يتعلم

dysgu

يخدم

gweithio

يتزوج

priodi

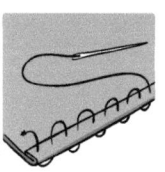

يخيط

gwnïo

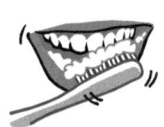

يغسل سنانو

brwsio dannedd

يكتل

lladd

يكمي

ysmygu

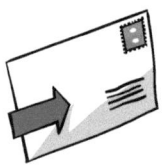

يرسل

anfon

لعايلة

teulu

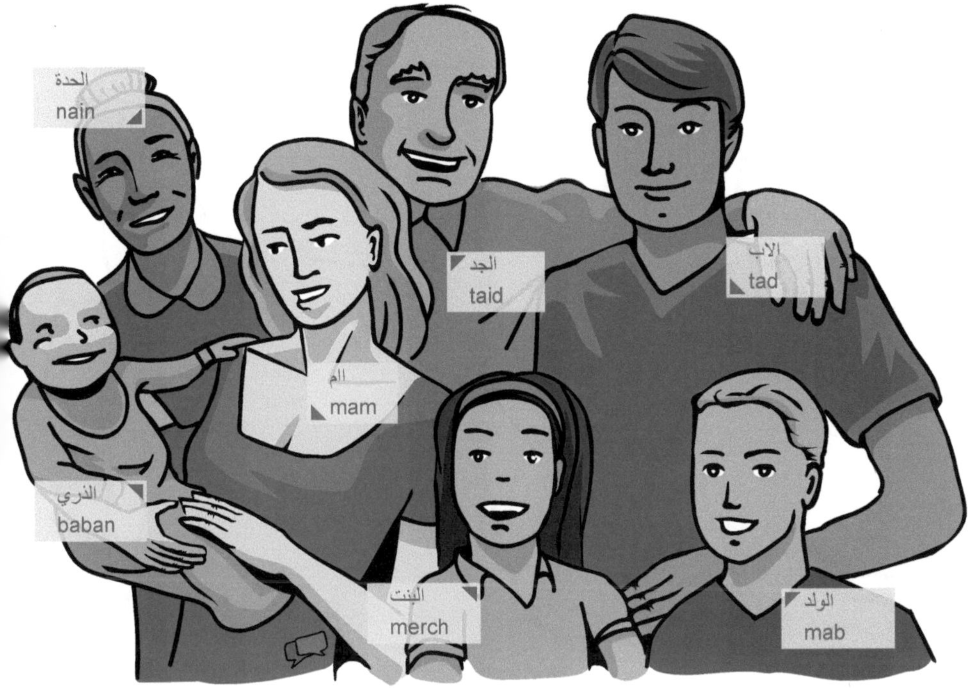

الحدة
nain
الجد
taid
الاب
tad
ام
mam
الذري
baban
البنت
merch
الولد
mab

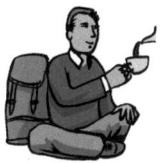

ضيف

gwestai

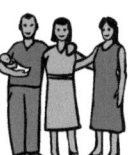

العمة / الخالة

modryb

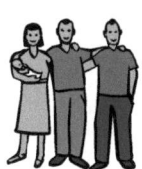

العم / الخال

ewythr

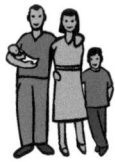

الخو

brawd

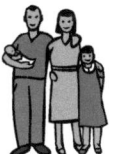

الخت

chwaer

الجسم

corff

الجبهة
talcen
العين
llygad
الكتف
ysgwydd
صبع
bys
الوجه
wyneb
اللحية
gên
اليد
llaw
الساق
coes
الصدر
bron
الذراع
braich

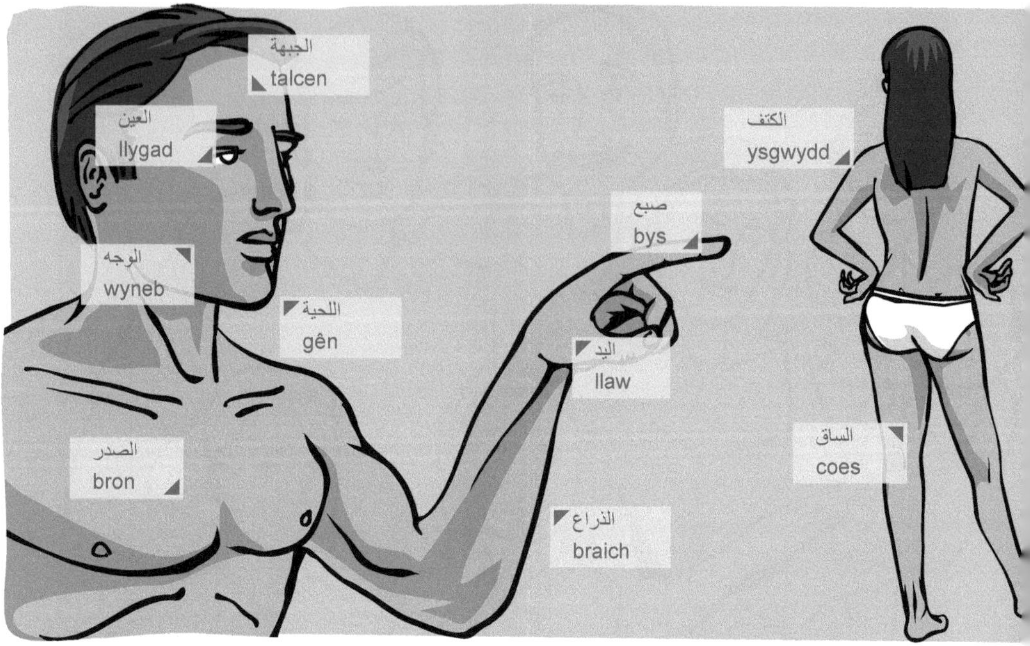

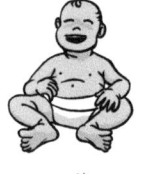

الذري

baban

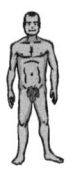

الراجل

dyn

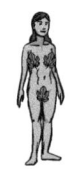

المرا

gwraig

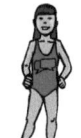

الشيرة، الطفلة

geneth

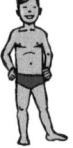

الشير

bachgen

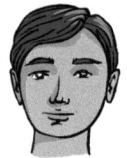

الراس

pen

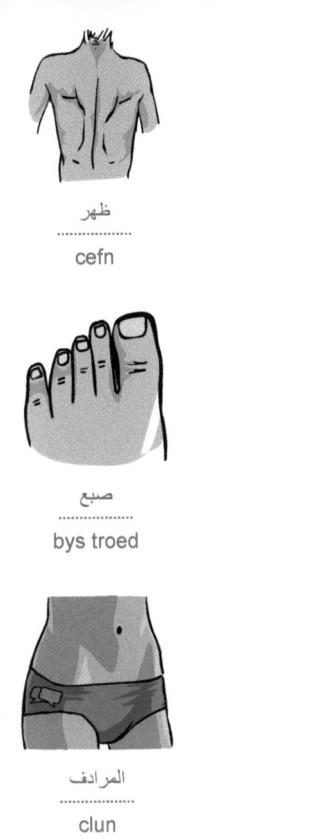

ظهر
cefn

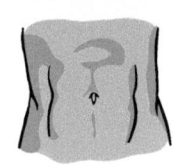

الكرش
bel

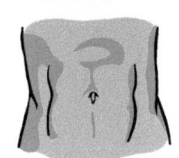

السرة
bogail

صبع
bys troed

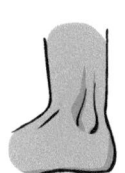

طالون
sawdl

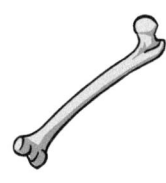

العظم
asgwrn

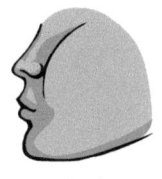

المرادف
clun

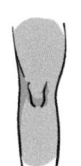

الركبة
pen-glin

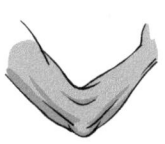

لمرفغ
penelin

نيف
trwyn

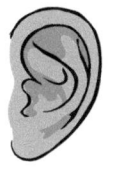

مصاصيط
pen ôl

البشرة
croen

الحنوك
boch

لوذن
clust

ثورب
gwefus

الفم

ceg

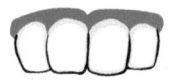

السنة

dant

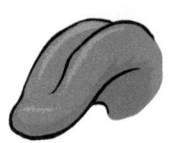

اللسان

tafod

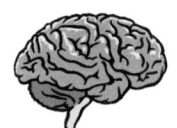

الدماغ

ymennydd

القلب

calon

العضلة

cyhyr

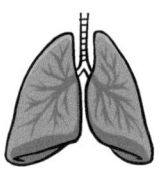

الرية

ysgyfaint

الكبدة

iau

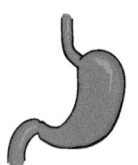

لسطوما

stumog

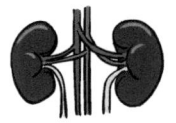

كلوى

arennau

رابور

rhyw

بريزارفتيف

condom

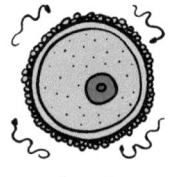

البويضة

ofwm

سيرم

semen

بلكرش

beichiogrwydd

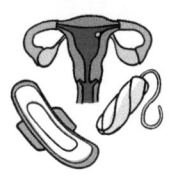

ليراغل

mislif

المهبل

fagina

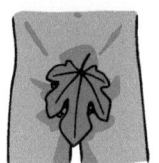

المذاكر

pidyn

الحاجب

ael

الشعر

gwallt

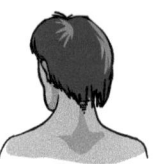

رقبة

gwddf

سبيطار
ysbyty

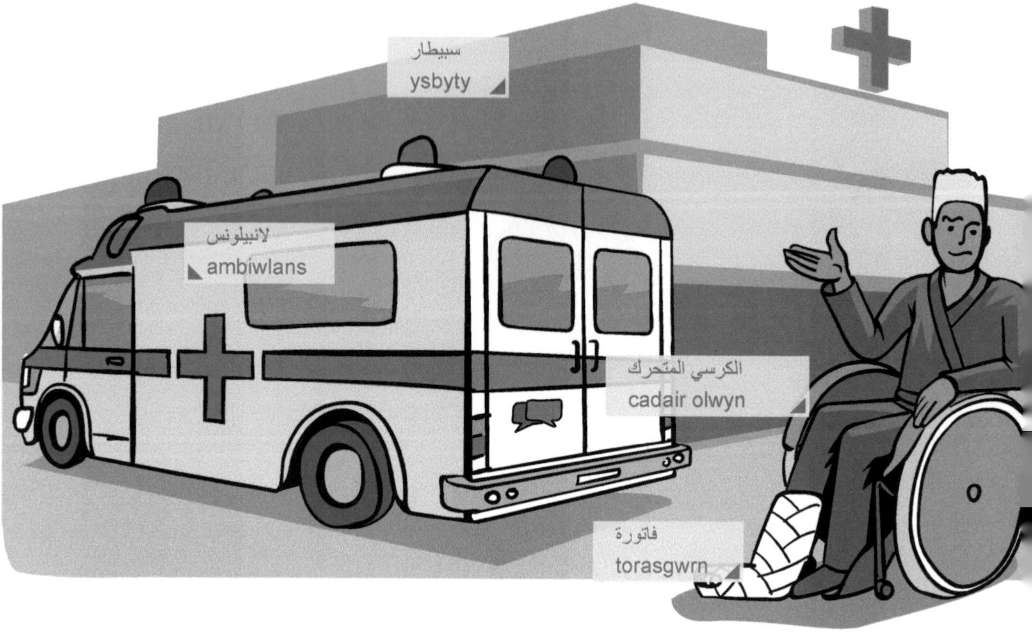

سبيطار
ysbyty
لانبيلونس
ambiwlans
الكرسي المتحرك
cadair olwyn
فاتورة
torasgwrn

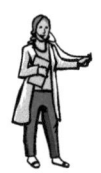

الطبيب

meddyg

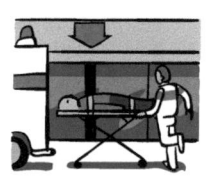

ليزيرجونس

ystafell argyfwng

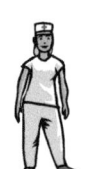

الممرضة

nyrs

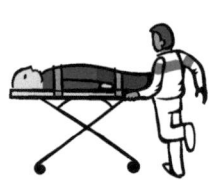

ليرجونس

argyfwng

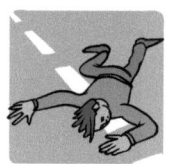

تغاشى

anymwybodol

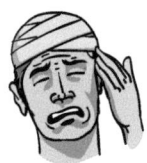

الوجع

poen

الجرح

anaf

يسل الدم

gwaedu

القلب

trawiad ar y galon

لافيسي

strôc

لالرجي

alergedd

الكحة

peswch

الحمة

twymyn

لاقريب

ffliw

الاسهال

dolur rhydd

ميغران

cur pen

السرطان

canser

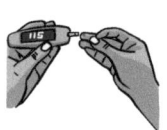

السكر

diabetes

الجراح

llawfeddyg

مبضع

fflaim

عملية تاع القلب

gweithrediad

لاسيتي

CT

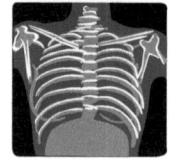

الراديو

pelydr-x

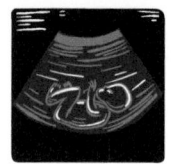

لولتخازون

uwchsain

لماسك

mwgwd wyneb

المرض

clefyd

وين يقارعو

ystafell aros

العكاز

bagl

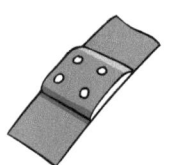

سكوتش

plastr

لبانسما

rhwymyn

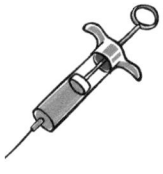

لبرة

pigiad

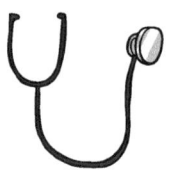

السماعة تاع الطبيب

stethosgop

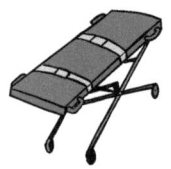

نقالة

elorwely

لوزنو بيه الحمة

thermomedr clinigol

زيادة

genedigaeth

السمونية

dros bwysau

جهاز السمع

cymorth clyw

المعقّم

diheintydd

لنفكسون

haint

الفيروس

firws

السيدا

HIV / AIDS

الدوا

meddygaeth

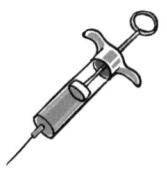

الفاكسان

brechiad

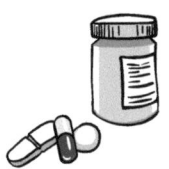

الدوا حب

tabledi

بيلولة

y bilsen

يعيط للنجدة

galwad frys

الجهاز ليقيسو بيه الدم

monitor pwysau gwaed

مريض / صحيح

yn sâl / yn iach

سلكوني

Help!

لالارم

larwm

يتعدا

ymosodiad

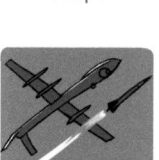

يهجم

ymosodiad

دونجي

perygl

مخرج الطوارئ

allanfa argyfwng

النار شاعلة

Tân!

لكستانتور

diffoddwr tân

اكسيدون

damwain

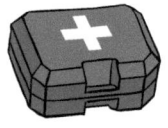

فيزة تاع الاسعاف الاولي

pecyn cymorth cyntaf

سلكونا

SOS

لابوليس

heddlu

أوروبا

Ewrop

أمريكا الشمالية

Gogledd America

أمريكا الجنوبية

De America

أفريقيا

Affrica

آسيا

Asia

أستراليا

Awstralia

المحيط الأطلسي

Iwerydd

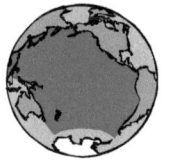

المحيط الهادي

y Môr Tawel

المحيط الهندي

Cefnfor yr India

المحيط المتجمد الجنوبي

Cefnfor yr Antarctig

المحيط المتجمد الشمالي

Cefnfor yr Arctig

القطب الشمالي

Pegwn y Gogledd

القطب الجنوبي

Pegwn y De

منطقة القطب الجنوبي

Antarctica

أرض

y Ddaear

بلاد

tir

بحر

môr

جزيرة

ynys

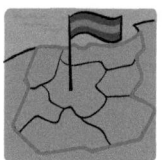

امة

cenedl

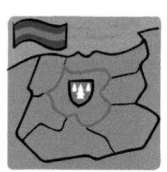

دولة

gwladwriaeth

ميناء الساعة

wyneb cloc

عقرب الساعات

bys awr

عقرب الدقائق

bys munud

عقرب الثواني

bys eiliad

شعال راها الساعة؟

Faint o'r gloch yw hi?

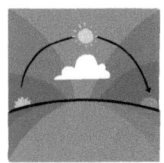

يوم

dydd

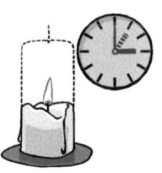

زمن

amser

دروك

yn awr

ساعة رقمية

cloc digidol

دقيقة

munud

ساعة

awr

wythnos

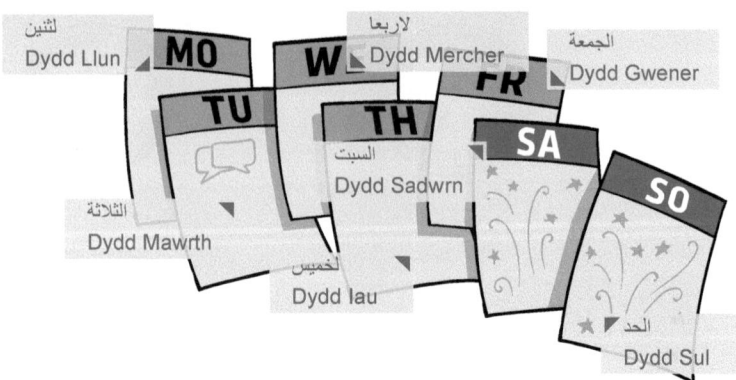

لثنين
Dydd Llun

لاربعا
Dydd Mercher

الجمعة
Dydd Gwener

الثلاثة
Dydd Mawrth

السبت
Dydd Sadwrn

لخميس
Dydd Iau

الحد
Dydd Sul

لبارح
ddoe

اليوم
heddiw

غدوا
yfory

صباح
bore

القايلة
canol dydd

العشية
noswaith

يامات الخدمة
diwrnodiau busnes

ويكاند
penwythnos

العام

blwyddyn

النو
glaw
قوس قزح
enfys
الريح
gwynt
ثلج
eira
الربيع
gwanwyn
الصيف
haf
الخريف
hydref
الشتا
gaeaf

4.APRIL 11°
5.APRIL 4°
6.APRIL 13°
7.APRIL 8°
8.APRIL 10°

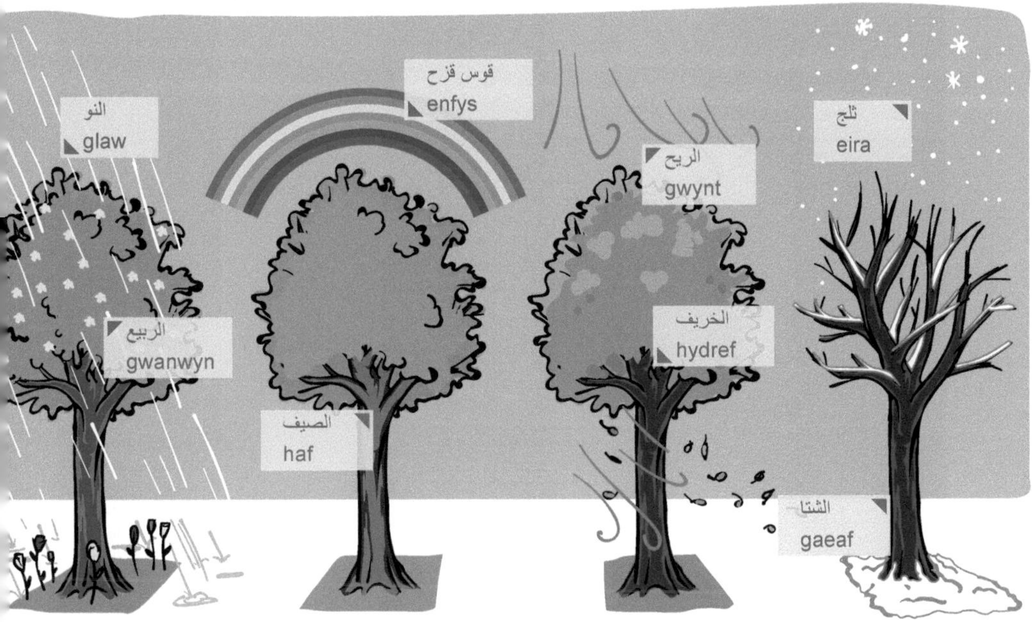

يتنبأ بالحال

rhagolygon y tywydd

F
C
120
90
60
30
0
-30
40
30
20
10
0
-10
-20

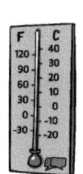

مقياس حرارة

thermomedr

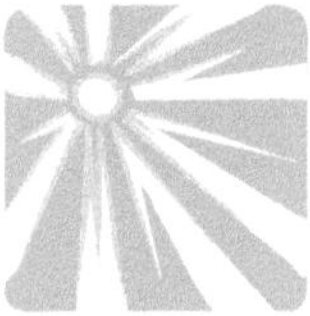

ضوء الشمس

heulwen

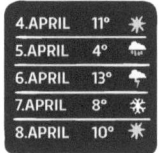

سحابة

cwmwl

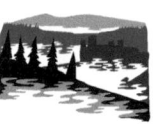

ضباب

niwl tew

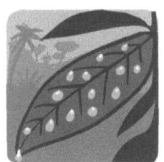

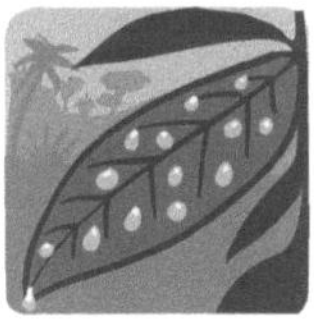

ميديتي

lleithder

برق

mellt

رعد

taranau

عاصفة

storm

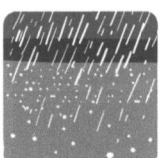

بَرَد

cenllysg

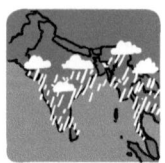

ريح

monsŵn

طوفان

llif

جليد

iâ

جانفي

Ionawr

فيفري

Chwefror

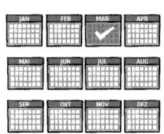

مارس

Mawrth

افريل

Ebrill

ماي

Mai

جوان

Mehefin

جويلية

Gorffennaf

اوت

Awst

سبتمبر
....

Medi

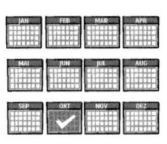

اكتوبر
....

Hydref

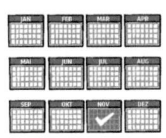

نوفمبر
....

Tachwedd

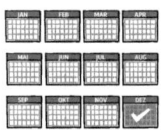

ديسمبر
....

Rhagfyr

فورما

siapiau

دويرة
....

cylch

مربع
....

sgwâr

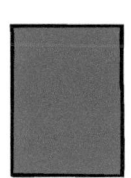

مستطيل
....

petryal

مثلث
....

triongl

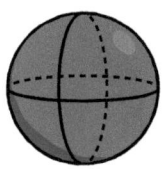

كويرة
....

sffêr

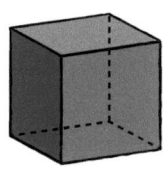

مكعب
....

ciwb

بيض

gwyn

صفر

melyn

تٌّشيني

oren

روز

pinc

حمر

coch

حلحالي

porffor

زرق

glas

خظر

gwyrdd

قهوي

brown

قري

llwyd

كحل

du

بزاف / شوية

llawer / ychydig

زعفان / مكالمي

dig / tawel

شباب / مشي شباب

hardd / hyll

البدية / التالي

dechrau / diwedd

كبير / صغير

mawr / bach

فاتح / فونسي

llachar / tywyll

خو / خت

brawd / chwaer

نقي / موسخ

glân / budr

كامل / ناقص

gyflawn / anghyflawn

نهار / اليل

dydd / nos

ميت / حي

farw / yn fyw

عريض / ضيق

eang / cul

يقدو ياكلوه / ميقدروش ياكلوه

bwytadwy / anfwytadwy

شرير / ناس ملاح

drwg / caredig

يثير / يمل

llawn cyffro / diflasu

سمين / رقيق

tew / tenau

اللولا / التالية

cyntaf / olaf

الصاحب / لعدو

cyfaill / gelyn

معمر / فارغ

llawn / gwag

قاصح / سوبل

caled / meddal

ثقيل / خفيف

trwm / ysgafn

جوع / عطش

wedi newynnu / yn sychedig

مريض / صحيح

yn sâl / yn iach

غير شرعي / شرعي

anghyfreithlon / cyfreithiol

ذكي / مبوقل

deallus / twp

يسار / يمين

chwith / dde

قريب / بعيد

agos / pell

جديد / مستعمل

wydd / wedi'i ddefnyddio

مكانش / ثوبة

dim / rhywbeth

ثيبياني / شاب

hen / ifanc

يشعل / يطفئ

ymlaen / i ffwrdd

محلول / مبلع

ar agor / ar gau

بشوية / بلفور

tawel / uchel

مرفح / زوالي

cyfoethog / tlawd

نيشان / خاطيء

cywir / anghywir

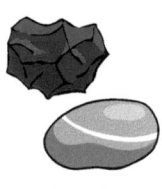

حرش / رطب

garw / llyfn

زعفان / فرحان

trist / hapus

قصير / طويل

byr / hir

بشوية / بلخف

araf / cyflym

مشمخ / ناشف

gwlyb / sych

حامي / بارد

cynnes / claear

القيرة / لامان

rhyfel / heddwch

0
صفر
sero

1
واجد
un

2
زوج
dau

3
تلاثة
tri

4
ربعة
pedwar

5
خمسة
pump

6
ستة
chwech

7
سبعة
saith

8
ثمانية
wyth

9
تسعة
naw

10
عشرة
deg

11
حداعش
un deg un

12

شناعث

un deg dau

13

شلطاعث

un deg tri

14

شطاعبار

un deg pedwar

15

شطاعسمخ

un deg pump

16

شطاعس

un deg chwech

17

شطلطعبس

un deg saith

18

شطنطمث

un deg wyth

19

شطاعاست

un deg naw

20

عشرون

dau ddeg

100

ميّة

cant

1.000

ألف

mil

1.000.000

مليون

miliwn

انقليزي

Saesneg

انغليزي تاع مريكان

Saesneg America

لغة الشنوية

Tsieinëeg Mandarin

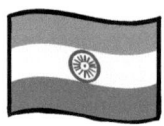

الهندية

Hindi

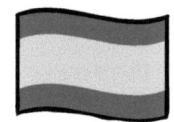

سبنيولية

Sbaeneg

الفرونسي

Ffrangeg

العربية

Arabeg

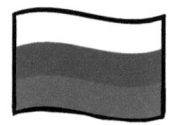

الروسية

Rwseg

البوتغالية

Portiwgaleg

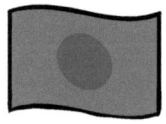

البنغالية

Bengali

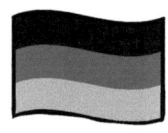

لالمنية

Almaeneg

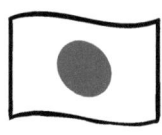

الجابونية

Siapanaeg

انا

fi

نتا

ti

هو

ef / hi

حنايا

ni

نتوما

chi

هوما

nhw

شكون

pwy?

واش

beth?

كيفاش

sut?

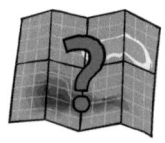

وين

ble?

وقتاش

pryd?

الاسم

enw

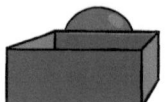

مرول
....
y tu ôl i

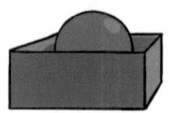

في
....
yn / yng / ym / mewn

قدام
....
o flaen

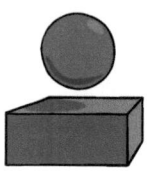

فوق
....
dros

على
....
ar

تحت
....
dan

حدا
....
wrth ochr

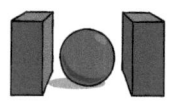

بين
....
rhwng

بلاصة
....
lle